GANS EINFACH

Eins steht fest: Die guten Zeiten der Neunzigerjahre sind erst mal vorbei! Aber wir haben es ja so gewollt, und auch schlichte Kost kann Freude machen, wenn man sie nur nett anrichtet, wie zum Beispiel Kartoffelbrei und Würstchen.

Uli Stein

Sparbuch

LAPPAN

Uli Stein, Jahrgang 1946, ist nicht nur ein begnadeter Erfinder, wie dieses Buch zeigt, sondern er ist auch der bekannteste und erfolgreichste deutsche Cartoonist. Nach einigen Semestern Pädagogikstudium hat er sich als Fotograf und Journalist einer Beamtenlaufbahn gerade noch rechtzeitig entziehen können. Über den Schritt als Satireschreiber für den Saarländischen Rundfunk kam er zum Zeichnen von Cartoons. Seine Handschrift wurde schnell unverwechselbar, und durch die Veröffentlichungen in der *freundin* und der *HÖRZU* wurde er gegen Ende der Siebzigerjahre einem größeren Publikum bekannt. In den Achtziger- und Neunzigerjahren wurde Uli Stein zum Markenzeichen, seine Figuren wurden zu Charakteren, die auf ungezählten Geschenkartikeln allen „Merchandisingprodukten" aus Film und Fernsehen den Rang abliefen.
Uli Stein hat sich als zeitlos erwiesen, und so verwundert es nicht, dass er mit dem 1999 erschienenen „Notebook" Platz 1 der *Zeit*-Bestsellerliste erklommen und im Jahre 2003 mit Pisa-Alarm über Monate auf der *stern*-Bestsellerliste gestanden hat.

www.lappan.de, E-Mail: Info@lappan.de
Gesamtherstellung: Sachsendruck, Plauen
Printed in Germany, ISBN 3-8303-6040-1

Uli Stein im Internet: www.ulistein.de

TIPP 1: WASCHTAG

Die Fahrt durch eine Autowaschanlage rechnet sich, wenn Sie vor der Abfahrt Ihre Wäsche unter die Beifahrertür klemmen. Wenn Sie Glück haben und einen sonnigen Tag erwischen, kommen Sie nicht nur mit sauberer, sondern auch mit trockener Wäsche nach Hause!

TIPP 2: IM EIMER

Ob auf dem Fahrrad oder auf dem Motorrad – ein Helm ist nun mal heutzutage Vorschrift. Wenn Ihr Geldbeutel einen handelsüblichen nicht erlaubt, machen Sie sich doch einfach selber einen.

TIPP 3: SCHEUKLAPPEN

Freude macht es nicht, beim Einkaufen links und rechts in den Regalen ständig die vielen schönen Dinge zu sehen, die man sich unter Rot-Grün nicht mehr leisten kann. Wer sich die Laune nicht verderben lassen will, schneidet sich Scheuklappen zurecht und schiebt sie über die Brillenbügel, bevor er shoppen geht.

TIPP 4: RANDVOLL

Das waren noch Zeiten, als man noch Suppe satt auftragen konnte – heutzutage muss ein halber Teller reichen. Damit die Familie nicht murrt, platzieren Sie vor dem Auftragen einen Gipseinsatz im Teller, dann können Sie ihn getrost bis zum Rand auffüllen!

TIPP 5: SCHMALSPUR

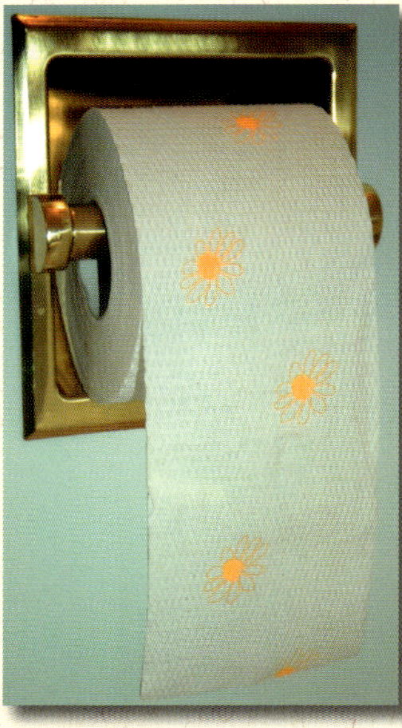

Haben Sie mal darüber nachgedacht, warum das Toilettenpapier eigentlich so breit sein muss? Eigentlich ein Luxus, den man schon mal hinten anstellen könnte. Schneidet man die Rollen mit einem scharfen Messer in der Mitte durch …

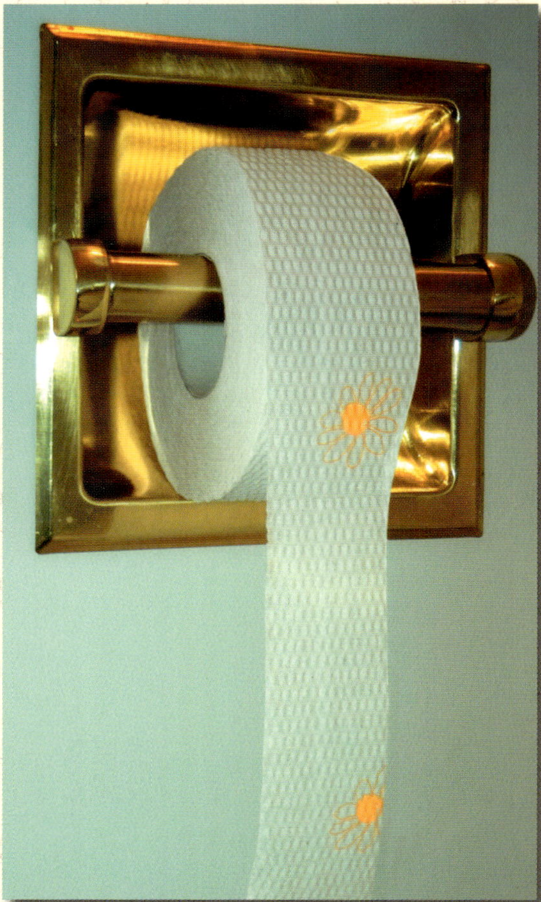

… hat man in null Komma nix die doppelte Anzahl von Rollen und sein Toilettenpapierbudget um 50 Prozent gekürzt!

TIPP 6: ROHKOST

Auch beim Haustierfutter kann eingespart werden. Versuchen Sie doch mal anstelle des teuren Dosenfutters Ihrer Katze Rohkost schmackhaft zu machen!

TIPP 7: BURGER

Wenn Sie Ihre Kasse entlasten wollen, verzichten Sie doch hin und wieder auf Ihren Besuch bei Mc-Donald und machen sich stattdessen zu Hause einen Gewerkschafts-Burger: zwei altbackene Brötchenhälften nach Rezept von vorgestern mit nichts dazwischen.

TIPP 8: CHIC

Schick sieht es ja schon aus – Krawatte mit passendem Einstecktüchlein, aber haben Sie mal gesehen, was so ein Ensemble kostet?

Preiswerter gehts so: Schneiden Sie einfach die Brusttasche Ihres Jacketts auf, dann können Sie Ihre Krawatte von innen durchziehen und lassen das Ende aus der Brusttasche herausschauen.

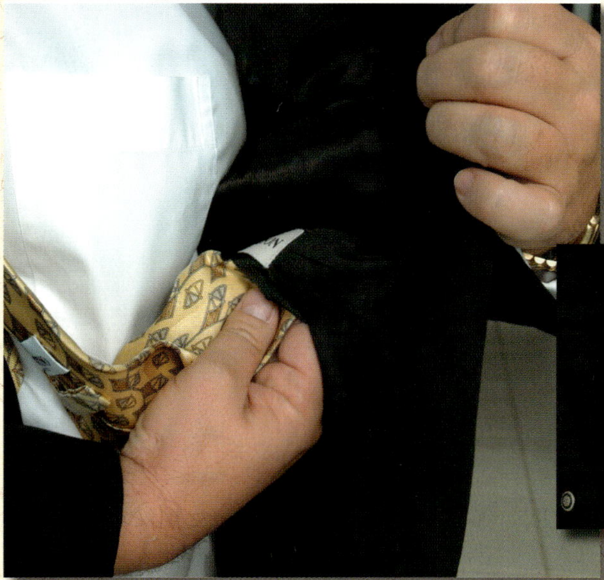

TIPP 9: GUTEN LUTSCH

Einen Lutscher muss man sich schon ab und zu mal gönnen dürfen.
Sie haben aber viel länger etwas davon, wenn Sie das Einwickelpapier dranlassen!

TIPP 10: SCHARF

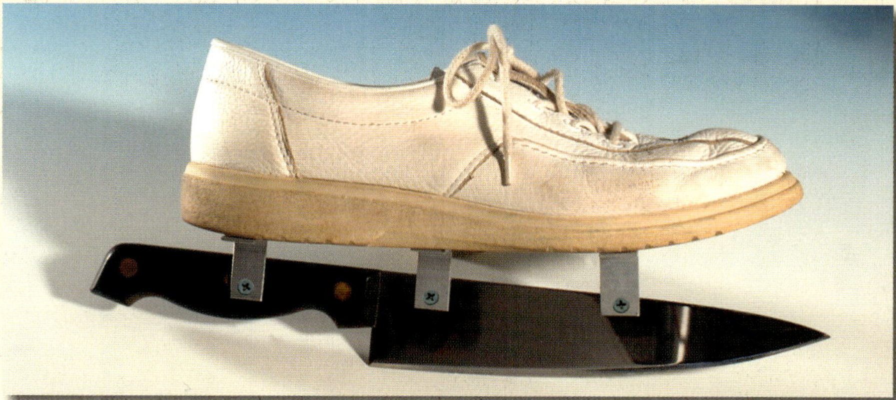

Ehe Sie sich kostspielige Schlittschuhe anschaffen, die dann vielleicht doch nur im Keller enden, sollten Sie erst einmal mit einem Paar Selbstgebauten ausprobieren, ob Ihnen Schlittschuhlaufen überhaupt liegt!

TIPP 11: LECKER

Viele Dinge lassen sich unglaublich einfach und billig selber herstellen, wenn man sich nur ein bisschen Mühe gibt: mit Paniermehl, Fett und Gewürzen beispielsweise eine leckere Bratwurst!

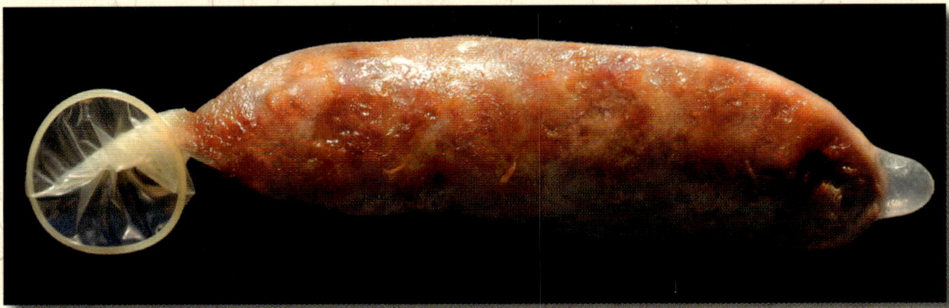

TIPP 12: BÜGELEI

Was für ein kostenintensiver Aufwand: nur für ein Spiegelei den Herd anstellen und die große Pfanne erhitzen! Ein beschichtetes Bügeleisen tuts auch und Ihre Stromrechnung wird es Ihnen danken.

TIPP 13: SOUVENIRS

Anstelle sich wie früher Muscheln oder Seesterne als Reiseandenken mitzubringen, erkundigen Sie sich vor der Planung Ihres nächsten Urlaubs, wo das letzte Tankerunglück war und nehmen sich einen Kanister Heizöl mit nach Hause!

TIPP 14: EINFACH SÜSS

Was hat die letzte Generaluntersuchung ergeben: Zucker im Urin? Na, das kommt doch wie gerufen!! Ab sofort können Sie sich Ihren Kandis selber machen!

ÖNERI 15: SUYA DAYANIKLI

Tam yeni bir başörtüsü satin almişsinizdir, başörtüyü bağlayip yağmurlu havada dişari çikmak zorunda kalmaniz gerekir. Başörtünüz yağmur görür görmez çeker ve kullanilmayacak hale gelir.

Bu tip kötü hava koşullarinda bir **Aldi**-poşeti kullanmak hem harika, hem de ucuz bir alternatif oluşturur!

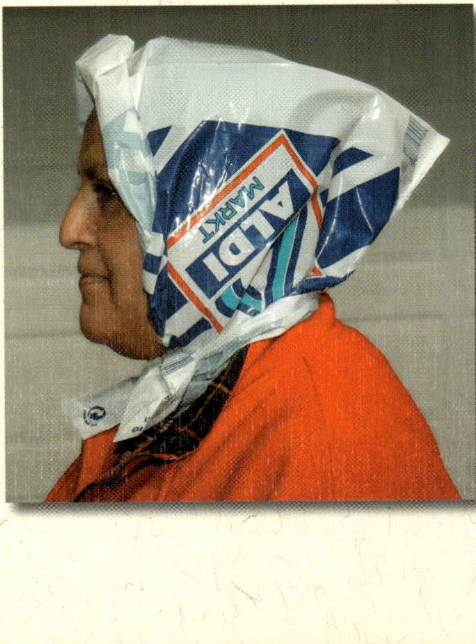

TIPP 16: NAGELPROBE

Ist die Armbanduhr defekt, lohnt meist eine teure Reparatur nicht. Noch lange kein Grund, die Uhr wegzuwerfen: Wenn Sie einen Nagel von hinten durch die Uhr schlagen, ist sie noch wunderbar als Sonnenuhr zu benutzen.

TIPP 17: ABER SICHER

Ihr altes Auto hat keinen Airbag? Nachrüsten ist zu teuer und an ein neues Auto ist schon gar nicht zu denken?

Bis wieder bessere Jahre anbrechen, behelfen Sie sich mit einem halben Basketball!

TIPP 18: VOGELHÄUSCHEN

Muss es eigentlich immer Brathähnchen sein? Bestimmt finden Sie in Ihrem Keller noch eine Mausefalle, die Sie nur auf einem Besenstiel zu befestigen brauchen, und schon haben Sie ein so genanntes „italienisches Vogelhäuschen“, das Sie jetzt nur noch in Ihrem Vorgarten aufzustellen brauchen.

TIPP 19: PFANNENWENDE

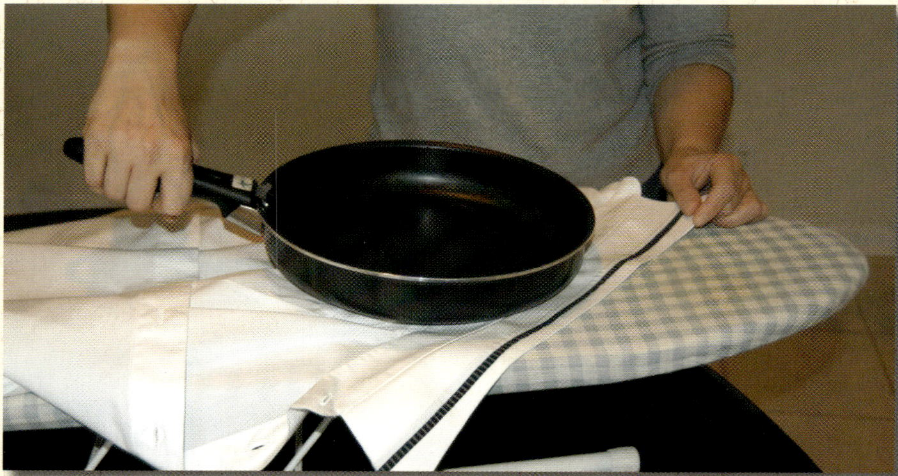

Es gibt viele Möglichkeiten, Ihre Stromrechnung zu senken. Haben Sie sich etwas gebraten, nutzen Sie die Restwärme der Pfanne, um schnell ein oder zwei Hemden zu bügeln.

TIPP 20: WIE GESCHMIERT

Gebrauchte Q-Tips nicht wegwerfen, sondern weitsichtig aufheben: Wenn mal wieder ein Türscharnier quietscht, können Sie auf den Kauf von Schmiermitteln verzichten.

TIPP 21: EISZEIT

Verzichten Sie diesen Sommer einfach mal auf die Vanillekugeln: Auch aus ein paar Eiswürfeln lässt sich im Handumdrehen eine großartige Erfrischung zaubern!

TIPP 22: GOLFEN

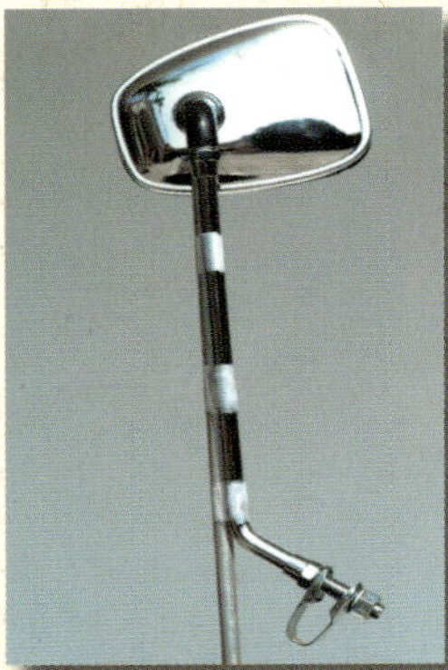

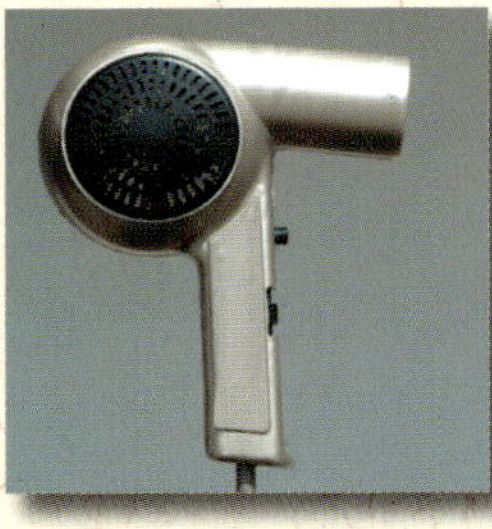

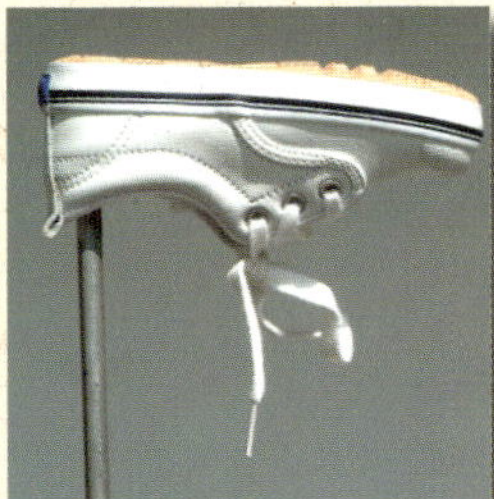

Golf ist ein schöner Sport, aber nicht gerade billig – vor allem wenn man in der Anfangsphase die ganze Ausrüstung kaufen muss. Wer eh nur mal erst einen Schnupperkurs machen möchte, kann sich seine Ausrüstung leicht selber bauen.

TIPP 23: KELLERFUNDE

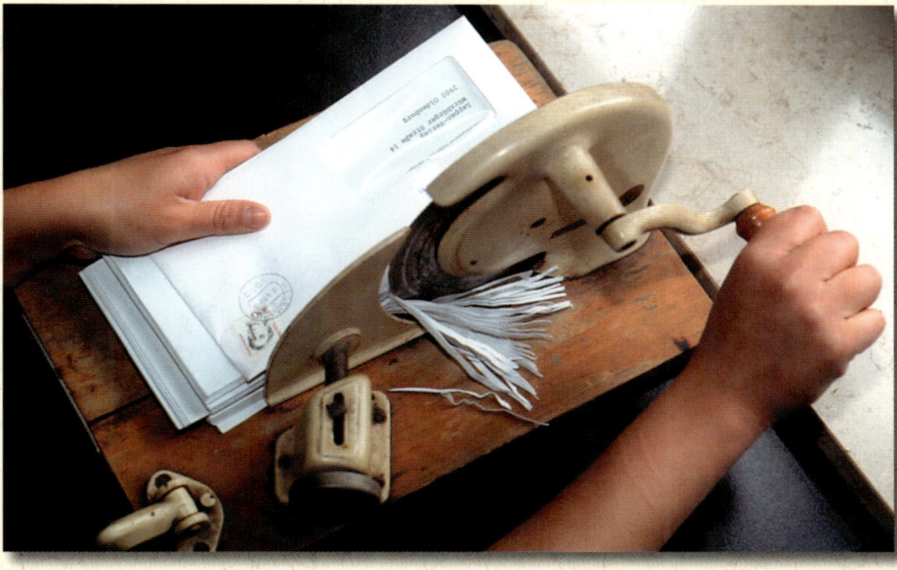

Viele Anschaffungen wie z.B. vollautomatische elektrische Brief-öffner lassen sich aufschieben, wenn man sich gründlich auf dem Speicher oder im Keller umschaut!

TIPP 24: SPARDUSCHER

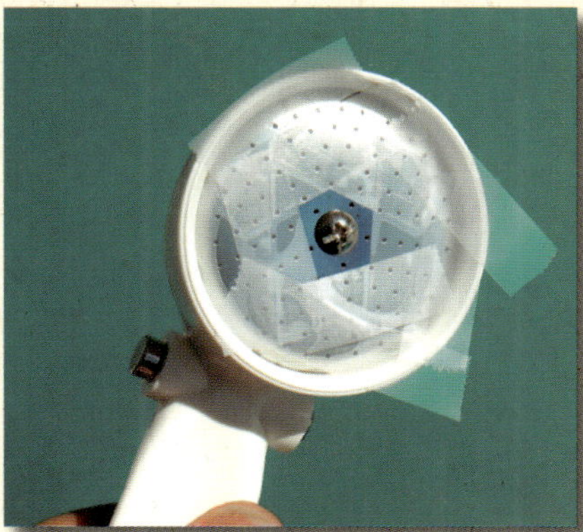

Einmal in der Woche Duschen muss reichen, fordern die Grünen. Wer noch mehr Wasserkosten sparen will, klebt sich den Duschkopf bis auf fünf Löcher mit Tesafilm zu!

TIPP 25: STIELBRUCH

Ist von einem Ihrer Weingläser der Fuß abgebrochen – nicht gleich wegschmeißen: Stellen Sie es in einen passenden Becher, in das Sie zwei Fingerbreit Wasser gefüllt haben, bewahren Sie alles über Nacht im Gefrierschrank auf und Sie haben am nächsten Tag wieder ein einsatzfähiges Weinglas!

TIPP 26: SCHIEBUNG

Benzinkosten lassen sich reduzieren, wenn man mit Kollegen eine Fahrgemeinschaft bildet. Noch günstiger wird es, wenn im täglichen Wechsel immer einer lenkt und die anderen drei das Auto zur Arbeit schieben.

TIPP 27: ALLES GERITZT

Ihre teure CD-Sammlung wird immer kleiner, weil Sie die ausgeliehenen CDs nicht zurückbekommen? Ritzen Sie doch einfach Ihre Initialen in alle CDs, dann löst sich das Problem kurzfristig von ganz alleine.

TIPP 28: ZETTELWIRTSCHAFT

Beim Kauf von Antiquitäten lassen sich erhebliche Preisnachlässe erzielen, wenn Sie einen mitgebrachten Aufkleber unauffällig unter dem Objekt Ihrer Wahl anbringen, bevor Sie nach dem Verkäufer rufen!

TIPP 29: KERZLOS

Haben Sie mal Ihre jährlichen Kerzenkosten hochgerechnet? Ausschließen mag man sich ja auch nicht, wenns wieder heißt: Antreten zur Lichterkette gegen Rheinländerhass, gegen die Rodung der brasilianischen Regenwürmer oder für den Schutz bedrohter Biowaffen. So können Sie Portemonnaieschonend mitmachen:

TIPP 30: KAFFEEZEIT

Die ganzen Kaffeefilter gehen auf lange Sicht auch ganz schön ins Geld. Liegt noch irgendwo eine alte Strumpfhose herum?

Sie brauchen nur den Fuß abzuschneiden und haben einen wunderbaren, wieder verwendbaren Dauerfilter!

TIPP 31: FENSTERPLATZ

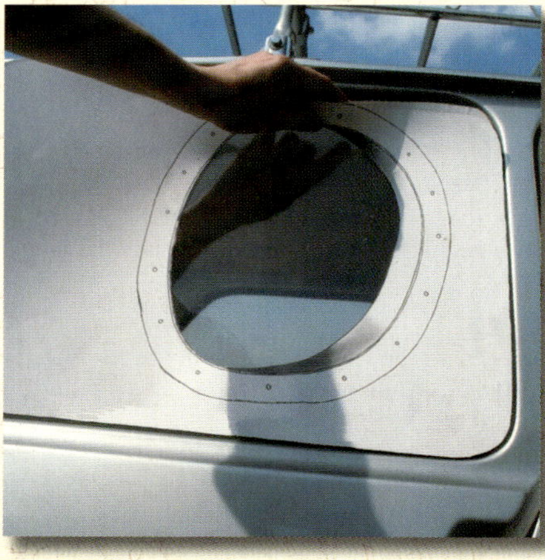

Fliegen ist in der Urlaubszeit richtig teuer und mit Kindern heute kaum noch bezahlbar. Vergessen Sie doch einfach den Urlaubsflug und fahren mit Ihrem Auto an die Ostsee. Mit einer eingeklebten Bullaugenschablone haben die Kinder trotzdem das Gefühl einer richtigen Flugreise!

TIPP 32: AUGEN AUF!

Achten Sie, wann immer es geht, auf Sonderangebote!

TIPP 33: GESUNDHEIT

Kommt die Schnupfenzeit und hats dann vielleicht auch noch die ganze Familie erwischt, müssen kiloweise Papiertaschentücher ranschafft werden. Viel besser kommen Sie davon, wenn Sie jedem kostengünstige Rollenware umhängen!

TIPP 34: WÜRG

Am Essen einzusparen ist nicht einfach, wenn eine hungrige Familie zu versorgen ist. Decken Sie in Zukunft den Tisch mit dekorativen Politiker-Platzdeckchen. Da vergeht jedem schon der Appetit, bevor das Essen überhaupt angefangen hat, und die Haushaltskasse wird dauerhaft entlastet.

TIPP 35: EDEL

Fliegen auf der Windschutzscheibe entfernen Sie nicht mehr gedankenlos mit einem Schwamm und warmem Wasser. Stattdessen lösen Sie sie vorsichtig ab und müssen auf Jahre hinaus keine mehr kaufen!

TIPP 36: HAARGENAU

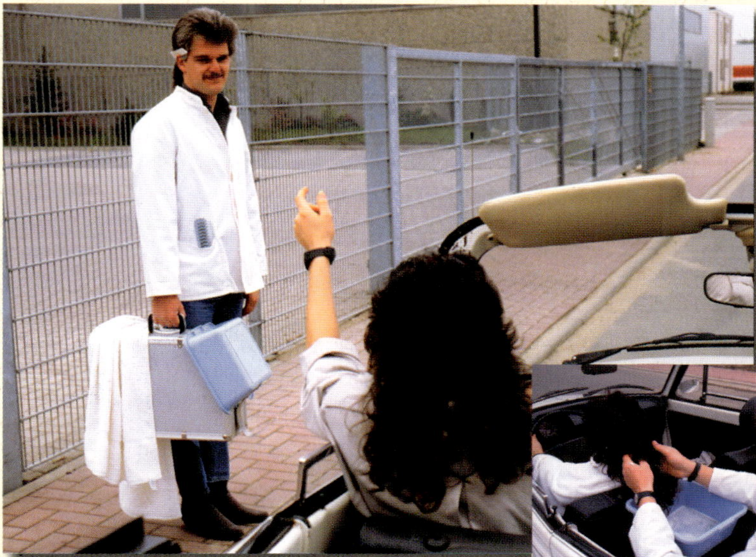

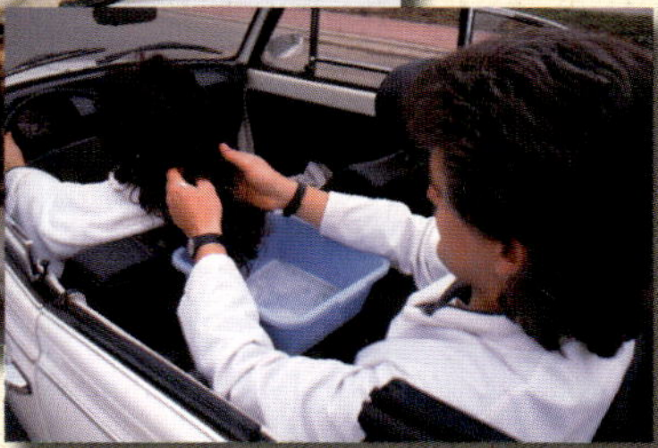

Die teuren, wöchentlichen Besuche im Frisörsalon müssen nicht sein! Achten Sie lieber auf die arbeitslosen Frisöre, die überall an den Straßen stehen, wenn Sie morgens ins Büro fahren.

Waschen, Legen, Föhnen während der Fahrt – wenn Sie im Büro ankommen, ist alles fertig und Sie zahlen nicht mehr als einen Zehner!

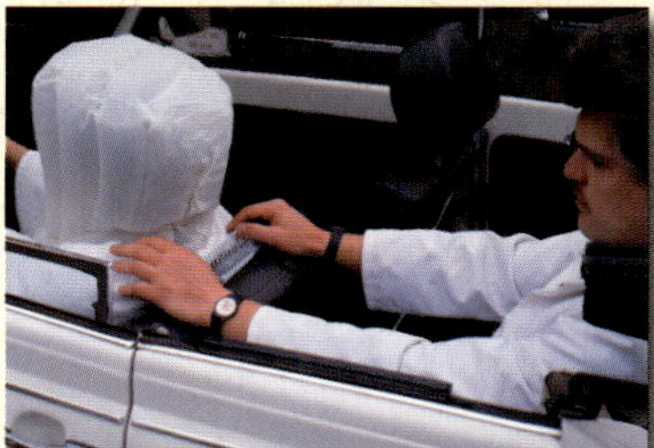

TIPP 37: SPRITZIG

Kalkablagerungen und Korrosion machen irgendwann dem Sprühkopf auf Ihrem Gartenschlauch den Garaus. Haben Sie noch irgendwo einen alten Haushaltshandschuh herumliegen?

Damit lässt sich eine Menge Geld sparen!

TIPP 38: AUFGEWICKELT

Wenn Sie eine eingekerbte Möhre auf Ihrer Bohrmaschine befestigen, können Sie Neujahr die herumliegenden Luftschlangen prima aufwickeln und nächsten Silvester wieder verwenden!

TIPP 39: FITNESS

Fitness muss schon sein, aber auf teure Hanteln kann verzichtet werden, wenn man seine TV-Fernbedienung entsprechend umfunktioniert.

TIPP 40: ALLES KÄSE

Eine ganze Scheibe Käse auf dem Brot ist kaum noch bezahlbar.

Eine halbe Scheibe Käse wiederum sieht einfach nur mickrig und kümmerlich aus. Machen Sie es einfach so:

Schneiden Sie den Käse wie einen Schweizer Emmentaler zurecht: Das Brot sieht dann immer noch großzügig belegt aus und die ausgeschnittenen Teile reichen locker aus, um damit eine zweite Scheibe Brot hübsch zu garnieren!

TIPP 41: TÖNUNG

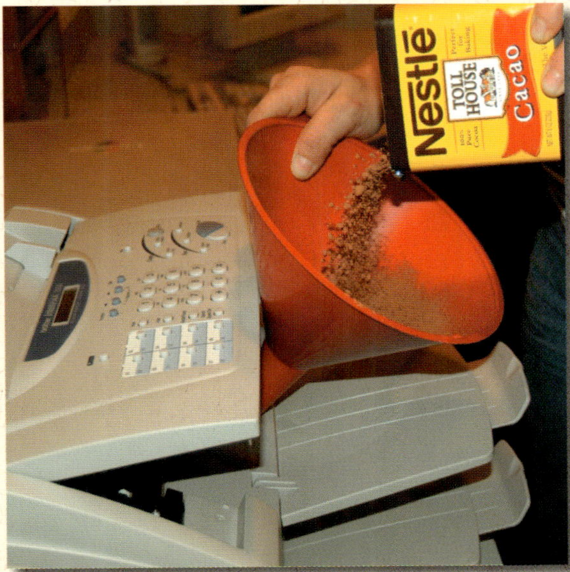

Ist die Tonerkassette vom Faxgerät leer, reißt das immer ein Riesenloch in die Haushaltskasse. Eine Menge Geld können Sie sparen, wenn Sie die Kassette selber wieder auffüllen – mit Kakaopulver zum Beispiel. Dann werden Ihre Faxe zwar in Zukunft braun, aber das sieht ja auch ganz hübsch aus.

TIPP 42: DRÖHNUNG

Weihnachten kommt nun immer schon teuer genug, da muss es nicht auch noch der teuerste Baum sein:
Mit wenigen Handgriffen machen Sie aus einer billigen Allerwelts-Tanne eine klasse Blaufichte!

TIPP 43: OSTERN

Pinsel, Eierfarben – was das zu Ostern alles wieder kostet! Preiswerter gehts so: Geben Sie ein paar Tropfen Tinte in eine Pfütze am Straßenrand, stellen Sie Ihren offenen Eierkarton daneben. Sobald das erste Auto hindurchsemmelt, haben Sie wunderhübsch verzierte Ostereier!

TIPP 44: HALBE SACHEN

Ein Adventskranz kommt Sie um die Hälfte billiger, wenn Sie ihn sich mit Ihrem Nachbarn teilen. Trennen Sie den Adventskranz in der Mitte durch und legen Sie Ihre Hälfte einfach vor den Garderobenspiegel!

TIPP 45: UNTER DER LUPE

Den Gürtel enger schnallen, lautet die Parole auch fürs Abendessen. Kleine Portionen sehen nicht mehr so traurig aus, wenn Sie sich eine Lupengabel basteln.

TIPP 46: SUPPSTANZ

Ein bunter Strauß macht gerade im grauen Alltag immer wieder Freude. Nur schade, dass er nach wenigen Tagen unansehnlich geworden ist und entsorgt werden muss. Umso dankbarer ist der Beschenkte, wenn der Strauß aus Gemüse und Suppengrün ist – dann kann er sich hinterher noch einen nahrhaften Eintopf daraus kochen.

TIPP 47: KURZARBEIT

Wenn Sie Ihre Zahnbürste um 70 Prozent kürzen, verringern Sie auch Ihre Zahnpastakosten um 70 Prozent!

TIPP 48: WASCHPROGRAMM

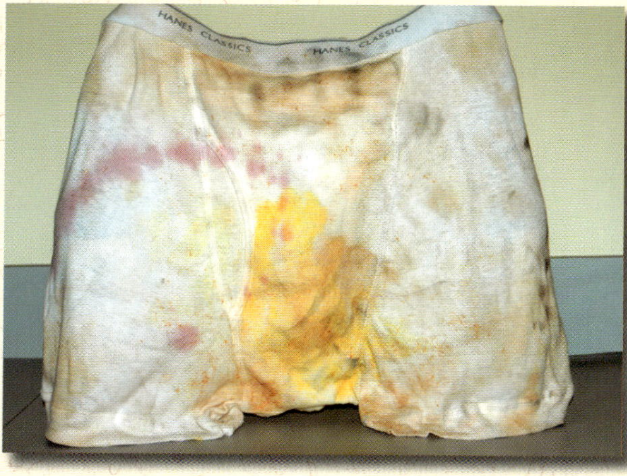

Obwohl die Verwaltung des Haushaltsgeldes in den meisten Familien den Ehefrauen obliegt, können auch die Ehemänner durch ein bisschen Nachdenken ihren Sparbeitrag leisten. Selbst wenn sie keine Ahnung von den Kosten für Wasser, Strom und Waschpulver haben: Man muss nicht jede Woche seine Unterhose in den Wäschekorb stopfen. Es reicht völlig aus, wenn sie nur alle drei Monate zum Waschen hingestellt wird.

TIPP 49: HAMSTERN

Auch die vierbeinigen Familienmitglieder können beim Stromsparen etwas beisteuern.

TIPP 50: ZUSCHLAG

Für Hobbys ist auch immer weniger Geld da. Puzzle-Freunde können sich behelfen, wenn sie noch den einen oder anderen Teller haben, den sie nicht mehr benötigen.

TIPP 51: IM RAHMEN

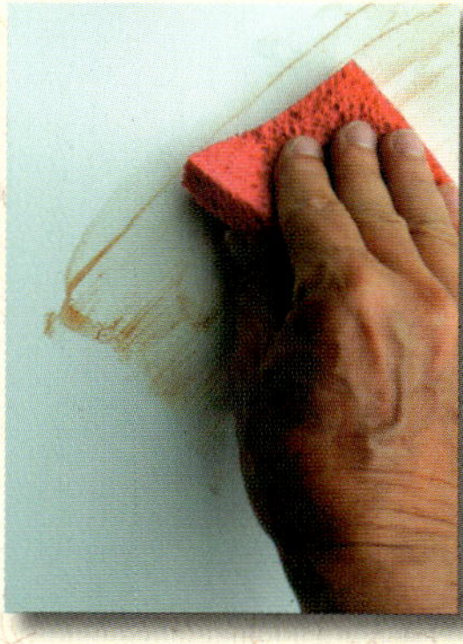

Sie haben zwar den Kakerlaken endlich erlegt, aber Ihre anschließenden Reinigungsversuche auf der Tapete haben alles nur noch schlimmer gemacht? Anstatt zu aufwendigen Maßnahmen wie Neutapezieren zu greifen, hängen Sie einfach einen Bilderrahmen drüber.

TIPP 52: BALKONIEN

Auch Urlaub auf dem Balkon kann nett sein. Schauen Sie mal nach, ob Sie nicht noch ein paar Muscheln von einer ihrer Seereisen finden, die Sie sich früher noch leisten konnten, und bauen sich einen Muschel-Kopfhörer, mit dem Sie das Meeresrauschen wenigstens hören können!

TIPP 53: GEPUMPT

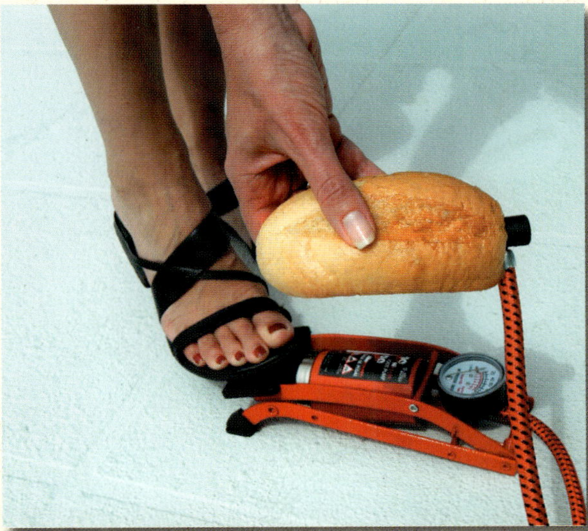

Seit der letzten Mehlwertsteuer-erhöhung ist auch Brot wahrlich kein Schnäppchen mehr! Sparfüchse schließen ein Brötchen an eine Fußluftpumpe an und haben sich nach knapp einer Stunde ein ansehnliches Weißbrot hergestellt.

TIPP 54: PREISVERGLEICH

Es muss ja keineswegs nicht immer das Allerneueste sein: Häufig sind Auslaufmodelle eine günstige Alternative.

TIPP 55: PAPIRKOSTN

Vrzichtn Si in Ihrn Brifn in Zukunft infach auf dn Buchstabn .All Ihr Brif wrdn dadurch um zhn Proznt kürzr. Mit andrn Wortn: Si sparn glatt zhn Proznt an Papir und turr Druckrfarb!